COMME TU ES GOUVERNÉE

PAUVRE FRANCE!

UN DERNIER MOT SUR LA NOBLESSE

A PROPOS
DE LA CIRCULAIRE DU GARDE DES SCEAUX AUX PROCUREURS GÉNÉRAUX, RELATIVEMENT A L'INSCRIPTION DES TITRES NOBILIAIRES DANS LES ACTES DE L'ÉTAT CIVIL

LE ROI EST IMPOSSIBLE

Pourquoi?

PARCE QUE LES ORLÉANISTES LE VEULENT AINSI

PAR LE PRINCE DE ROSSY

> Les révolutions modernes, loin de former et d'élever à la tête des peuples de mâles caractères, rabaissent au contraire les premières dignités de l'Etat au niveau des plus vils intrigants.

PARIS
IMPRIMERIE BALITOUT, QUESTROY ET Cᵉ
7, RUE BAILLIF, ET RUE DE VALOIS, 18

1875

DU MÊME AUTEUR

RÉFLEXIONS SUR LES ROSSI DE PARME, 1865.

PREUVES DE L'IDENTITÉ DES ROSSI DE FRANCE ET DE PARME, 1866. (Faisant suite aux Réflexions.)

SOUVENIRS, SUPPLÉMENT AUX PREUVES, 4 mars 1872.

QUELS SONT LES ENNEMIS DE L'ANCIENNE NOBLESSE? avril 1868.

LE PAPE, LE ROI ET LA LIBERTÉ, mars 1872.

LES PILATE ET LES NOGARET MODERNES, 2 mai 1872.

LA VRAIE ET LA FAUSSE PARTICULE NOBILIAIRE, 4 août 1872.

Cette dernière brochure est le complément d'une précédente intitulée : LA PARTICULE NOBILIAIRE, RÉPLIQUE A PLUSIEURS MAGISTRATS, publiée en 1861.

N. B. — La publication des sept premières brochures (annoncée dans une préface du 15 août 1872) comme celle d'un nouvel écrit ayant pour titre : BEAUCOUP DE CHOSES, A PROPOS DE CHENILLES, 1er novembre 1873, a été retardée jusqu'au printemps de la présente année.

COMME TU ES GOUVERNÉE

PAUVRE FRANCE!

Rien n'enfle, rien ne peut éblouir les grandes âmes, parce que rien n'est au-dessus d'elles.

MASSILLON.

Celui qui fait un affront à quelqu'un lui accorde une véritable supériorité sur lui, en lui donnant le pouvoir de le pardonner.

L'abbé PRÉVOST

La crainte du ridicule étouffe plus de talents et de vertus qu'elle ne corrige de vices et de défauts.

D'ALEMBERT.

Cette pensée si juste devrait servir d'enseignement à tous ceux qui, par leur naissance ou leur mérite, sont élevés au-dessus de la foule. Un bon esprit ne s'exposera certainement pas à la moquerie publique, en bravant sans motif l'opinion et les usages reçus ; mais dans les aspirations de l'âme vers Dieu ou dans les devoirs importants de la vie civile, quiconque craint le ridicule ne deviendra jamais un chrétien illustre ni même un homme d'État médiocre. Tous les saints, tous les gens de lettres célèbres, tous les inventeurs dans les sciences et dans les arts, tous les grands hommes, en un mot, à quelque titre que ce soit, ont d'abord été tournés en ridicule dans leur pays et leur propre famille, et c'est seulement après que le succès et la gloire ont eu couronné leurs travaux, leur constance et leur génie, que leurs proches se sont réclamés d'eux et applaudis d'être de leur sang.

L'homme vraiment vertueux ne relève que de lui-même, et la prospérité n'a pas plus le pouvoir de l'éblouir que l'infortune celui de l'abattre. Ferme dans sa foi, il n'obéit aux lois et ne prend garde aux louanges ou aux critiques du monde qu'autant qu'elles sont conformes au témoignage que sa conscience lui rend.

LES ACTES DE L'ÉTAT CIVIL

ET LES TITRES NOBILIAIRES

Le garde des sceaux vient d'adresser aux procureurs généraux la circulaire suivante :

Paris, le 22 juillet 1874.

Monsieur le procureur général,

La rédaction des actes de l'état civil donne lieu souvent à des difficultés au sujet des titres nobiliaires dont la mention est réclamée par les parties principales ou par les parties intervenantes.

Souvent des prétentions, basées sur de simples allégations ou sur une possession plus ou moins contestable, s'élèvent devant l'officier de l'état civil.

Des parents veulent faire inscrire leurs enfants avec un titre qu'ils portent eux-mêmes, ou avec un titre d'un degré inférieur, en se fondant soit sur l'usage, soit sur une dévolution qu'ils croient, à tort, conforme aux règles en cette matière.

Les titres se divisent aujourd'hui en deux classes distinctes :

Les titres dont l'existence est antérieure à 1789 ;

Les titres qui ont été conférés depuis les statuts du 1er mai 1808.

La régularité de ces derniers titres peut facilement être constatée, la chancellerie étant en possession des registres sur lesquels a eu lieu l'inscription des lettres patentes constitutives ou des décrets qui ont remplacé ces lettres patentes, des décisions constatant la transmission régulière des titres héréditaires.

Les personnes munies de l'acte qui les concerne peuvent, en représentant cet acte, prouver leur droit ; et si elles ne sont pas en possession de cet acte, leur situation peut être vérifiée et constatée par la chancellerie.

Parmi les membres de l'ancienne noblesse, un certain nombre s'est pourvu en reconnaissance, confirmation ou renouvellement de titres, sous la Restauration ou sous les gouvernements qui se sont succédé depuis ; d'autres ont fait constater leurs droits par des décisions judiciaires.

Les uns et les autres peuvent, sans difficulté, appuyer leurs déclarations de documents authentiques s'appliquant à eux personnellement.

Mais la plupart ont négligé ce moyen de régulariser leur situation.

Pour ceux-ci, les officiers de l'état civil ne doivent accepter que les désignations mentionnées dans des actes d'une authenticité incontestable, antérieurs à 1789, et constatées par des actes réguliers de l'état civil concernant la personne même qui intervient dans l'acte à rédiger ; en cas de doute, ils auraient à en référer à la chancellerie.

A part de rares exceptions créées par les lettres patentes originaires, ou résultant de dispositions spéciales, les titres reposent sur une seule tête, et les fils d'un titulaire appartenant à l'ancienne noblesse, ou décoré d'un titre postérieur à 1808, n'ont droit ni à un titre d'un degré inférieur, ni, à plus forte raison, au titre même porté par leur père.

Les mêmes règles sont applicables aux personnes d'origine étrangère se prétendant en possession d'un titre qui aurait appartenu à leur famille ou à elles-mêmes avant qu'elles fussent devenues françaises soit par l'annexion des territoires, soit par la naturalisation.

Quant aux titres étrangers, un Français ne peut les porter en France qu'en vertu d'une autorisation spéciale accordée par application du décret du 5 mars 1859, autorisation essentiellement personnelle et qui ne peut s'étendre aux enfants de celui qui l'a obtenue.

Aucune partie ne doit donc recevoir dans les actes de l'état civil d'autres titres que ceux qui lui sont attribués à elle personnellement par des actes réguliers, tels que : lettres patentes, décrets, brevets ou actes d'investiture, décisions judiciaires, actes de l'état civil reproduisant énonciations d'actes authentiques antérieurs à 1789, autorisations spéciales et personnelles accordées par le chef du gouvernement. L'usage, les traditions de famille, la possession, ne sauraient suppléer à la reproduction d'actes réguliers s'appliquant à la personne même qui figure dans l'acte de l'état civil, soit comme partie, soit comme déclarant, soit comme témoin.

Je vous prie d'adresser aux officiers de l'état civil de votre ressort des instructions dans ce sens et de veiller à leur exécution.

Pour le garde des sceaux, ministre de la Justice,
Le sous-secrétaire d'Etat,
Commissaire au sceau de France,

L.-N. BARAGNON.

Est-ce que M. le garde des sceaux dont on ne sait pas le nom, et qui charge de signer à sa place M. le sous-secrétaire d'État Baragnon, qu'on ne connaît pas davantage, est-ce que M. le garde des sceaux d'un gouvernement contesté, provisoire et mal défini, se croit encore ou déjà sous l'Empire? Voilà certes une belle autorité à invoquer que celle de cet aventurier couronné, rendant des décrets sur les titres, tandis qu'il désorganisait notre armée, afin de la livrer ensuite plus sûrement au roi de Prusse! En cela du moins Napoléon de Sedan dit *le Petit* a imité dignement Napoléon *le Grand,* traînant triomphalement après lui 700,000 hommes en Russie, pour les faire périr de froid, de misère et de faim, mais se consolant de ses désastres et jugeant tout sauvé, même l'honneur, parce qu'il datait de Moscou les statuts ou règlements de la Comédie française.

Le décret du neveu du 5 mars 1859 a juste la même valeur que celui de l'oncle du 1er mai 1808. Ces deux Corses, dont les victoires et les défaites ont été également si funestes à la France, seront sans doute beaucoup plus admirés de la postérité pour leurs fières allures de rois de théâtre que pour leurs exploits.

Charlatans! charlatans! *Quid leges sine moribus?*

Ce sera toute la préface de ce nouvel opuscule sur la noblesse, que cette circulaire a provoqué.

Si nous étions sans orgueil, celui des autres ne nous choquerait pas.

Lorsqu'en 1819, M. Decazes présenta à la signature du sceptique Louis XVIII, la liste des cinquante et quelques pairs, qu'on appela depuis *une fournée,* entièrement composée de noms plus ou moins vulgaires et obscurs. « Je veux être pendu si j'en connais un, dit le Roi à son ministre de prédilection ; mais ne serait-il pas possible, mon ami, de glisser, au milieu de tous ces noms inconnus, celui de mon cousin, le duc d'Esclignac? » M. Decazes, créé duc plus tard par grâce toute gratuite et toute pure, voulut bien se conformer aux ordres ou désirs du monarque. Et voilà comment on fait les pairs et les ducs dans les chancelleries, les alcôves ou les boudoirs des reines et des rois ! Chacun peut dire de même aujourd'hui, en lisant la circulaire du troisième garde des sceaux en exercice depuis à peine neuf mois, lequel aurait certainement cédé la place à un quatrième déjà, si l'Assemblée nationale, pour ne pas s'engager dans la discussion des lois constitutionnelles, n'eût pris le parti d'aller se reposer en vacances de son impuissance à constituer rien; oui, chacun peut dire, comme Louis XVIII : « Je veux être pendu si j'en connais un! »

Il n'en est pas moins vrai pourtant que c'est ce garde des sceaux de quelques semaines, qui, profitant de son rapide passage au ministère, s'avise de réglementer la noblesse. Penserait-il par hasard, en avoir le droit, le pouvoir et le temps? Si, comme on le dit, le duc de Broglie inspire le gouvernement et dispose des portefeuilles, c'est bien le cas de répéter le mot qu'on adressa jadis à l'un de ses ancêtres italiens : « *Dov'è un Broglio, c'è sempre un imbroglio.* » Car est-il un moyen plus sûr d'augmenter la confusion où nous sommes, et d'irriter les haines et les jalousies qui nous divisent et nous perdent, que cette prétention étrange de faire contrôler la noblesse par des procureurs ou maires de villages, bourgs, petites ou grandes villes, ce qui, pour la compétence, le droit et la convenance est tout un ? *Risum teneatis amici !*

Il y a toujours un parti pris, dans la magistrature, d'abaisser la noblesse par des procédés qui sont loin d'être francs. Le garde des sceaux aurait cependant dû comprendre que sa circulaire déconsidérait les magistrats à l'égal des nobles, en provoquant entre eux des contestations sans dignité, pour ne pas dire pis, contestations qui ne peuvent avoir que les résultats les plus fâcheux. Il est facile de réglementer dans un bureau de Paris. Mais à l'application, que verra-t-on? En province, où tout le monde se connaît, un débat quelconque dégénère promptement en personnalités. Donc, ou l'officier de l'état-civil, quand un noble viendra lui demander l'inscription de ses titres, sera bienveillant, ou il sera hostile. Dans le premier cas, il fera opposition aux prétentions nobiliaires les mieux fondées; dans le second, il admettra celles qui le seront le moins. De sorte que, dans deux communes rapprochées l'une de l'autre, on verra les jugements ou décisions les plus contradictoires, au mépris de tous et de tout.

Et puis quel rôle faites-vous jouer à des nobles illustres que vous obligez à dérouler leurs parchemins devant des agents subalternes, tels que des maires, souvent très ignorants, de petites communes au-dessous de 200 âmes, et de plus très accessibles à toutes les passions contre le château voisin? Que si, au contraire, un parvenu ridicule dispose de la municipalité locale, celle-ci le fera, s'il le souhaite, dans les actes de l'état-civil, grand comme Auguste ou César. Voilà, relativement à la noblesse, maladroits ou mal intentionnés gens de robe, l'esprit et la valeur pratique de vos règlements!

Mais je ne veux pas répéter ce que j'ai dit dans des brochures spéciales sur la particule et les titres; j'ai suffisamment démontré aux magistrats judiciaires leur incompétence dans ces matières-là. Allons donc au fait et concluons vite. Si, lorsque le Gouvernement lui-même ne sera plus en question, vous vouliez constituer une véritable noblesse, comme on ne doit être jugé que par ses pairs, vous établiriez dans toutes les provinces, un jury composé de nobles incontestables, qui feraient, sous vos yeux, une révision sévère de tous les titres. Beaucoup sans doute ne résisteraient pas à un examen consciencieux. Mais les nobles qui seraient maintenus dans toutes leurs dignités, deviendraient nécessairement un corps d'élite et privilégié. Or, c'est précisément ce qui vous choque et dont vous ne voulez à aucun prix. Alors pourquoi vous consumer en vains efforts contre des titres que vous regardez comme stériles? Laissez les nobles seuls juges de leurs prétentions; ils sauront bien distinguer entr'eux le vrai du faux, et bornez-vous à les préserver des chevaliers d'industrie et des escrocs. Cela vous sera facile ; le reste croyez-moi est au-dessus de votre pouvoir. Les noms de l'ancienne Monarchie ne se laisseront jamais contrôler, je suis las de le dire, par des valets de gouvernements révolutionnaires ou provisoires. Si vous refusez d'inscrire ces noms en tête de vos actes, ils seront signés au bas, malgré vous, avec leurs principaux titres. Et quand vous réussiriez à en faire disparaître quelques-uns sur vos rôles, ils vous braveraient dans la vie civile. Voulez-vous les exclure encore de là? car c'est le but où vous tendez depuis longtemps, soit par la hache, soit par des voies tortueuses et perfides. Après? *uno avulso non deficit alter*

M. Duvergier, excellent jurisconsulte (que j'ai déjà eu l'occasion de citer), qui fut en outre sous le dernier empire, conseiller d'Etat, membre du conseil du sceau, et plus tard ministre de la justice, M. Duvergier donc, à qui je demandais son avis sur deux de mes brochures qu'il avait gardées plusieurs jours, pour les lire attentivement : « Vous avez traité des sujets si délicats et si complexes, me répondit-il, que je ne puis dire que je partage toutes vos opinions ; mais une justice que j'aime à vous rendre, c'est que la conviction et la verve débordent de chaque ligne que vous écrivez.»

Mgr Baillès, mon ancien évêque, persécuté par le gouvernement de Napoléon III, me disait à Rome, en 1857, à propos d'un opuscule sur le clergé, que je venais de lui communiquer : « Vos arguments et votre style peuvent se comparer à des coins de fer enfoncés dans le tronc de l'arbre le plus dur; on ne peut rien introduire entre le métal et le bois. »

Ces deux jugements, portés à Rome et à Paris par des hommes importants, dans des positions si opposées, m'ont plu sans doute à entendre et ne me plaisent pas moins à répéter, je l'avoue ; non, je prie de le croire, parce qu'ils flattent la vanité, mais parce qu'ils m'ont donné le courage d'affronter les critiques souvent injurieuses, s'attachant à ceux qui abordent de tels sujets, et que ne peuvent éviter d'ailleurs même les meilleurs écrivains. Ces critiques cependant, quelles qu'elles soient, passent ou meurent avec leurs auteurs, et la vérité seule triomphe et reste.

Me voici déjà au seuil de la vieillesse : quelques années encore, si Dieu me les accorde, et moi-même je ne serai plus. Oh! j'ai traversé une triste époque, car tout est si confondu ou perverti dans notre société que deux hommes seulement qui s'entendent et qui s'aiment sont difficiles à rencontrer. J'ai pourtant vécu content, solitaire au milieu du monde, me gardant avec soin de toutes ses passions, et j'ai mené une vie laborieuse et utile au moins pour les miens. Si je n'ai rien fait jusqu'ici ou que bien peu pour ma patrie, ce n'est pas ma faute assurément, mais celle des révolutions modernes, qui, loin de former et d'élever à la tête des peuples, de mâles caractères, rabaissent au contraire les premières dignités de l'Etat au niveau des plus vils intrigants. Je ne sais si je vivrai assez pour voir un heureux changement dans les affaires publiques ; mais qu'importe au sage, qu'importe au chrétien surtout l'époque de bonheur et de gloire ou de malheur et de honte où il passe ses jours, puisqu'il converse sans cesse avec lui-même et dans les cieux !

Toutefois, je me hâte de le proclamer, si le sage, si le chrétien dont je viens de parler, est fort au-dessus des honneurs et des intérêts de la terre ; il n'en adresse pas moins à Dieu les vœux les plus ardents et demeure toujours prêt lui-même à tout sacrifier, vie, biens et famille, pour le pays où il est né. Hélas ! cette prédiction de Balzac que j'ai rappelée ailleurs : « La France sera perdue par la médiocratie, » cette prédiction est accomplie. La France est aujourd'hui humiliée et dégradée par les bourgeois titrés de la Révolution. Ce sont ces mêmes hommes, voulant ravir leurs couronnes aux anciens nobles dont ils sont jaloux, qui détiennent encore celle du Roi. Eh ! qu'attendre de juste ou de grand de l'esprit étroit et pervers de tous ces hypocrites, de tous ces félons ? Si la France vendue et livrée par les traîtres, les niais et les corrompus de l'Empire, veut un jour se relever, ce n'est que dans le sein du peuple ou parmi les patriciens d'illustre origine qu'elle doit chercher et trouver son vengeur.

La bourgeoisie révolutionnaire ne veut plus de l'ancien régime. Soit, personne ne songe à le rétablir. Mais voyons si elle entend mieux l'honneur que les nobles de race, à qui elle porte d'autant plus de haine qu'elle n'a pas assez de vertu pour les remplacer. Sous cet ancien régime si décrié par de faux libéraux, il me semble néanmoins qu'on faisait meilleure justice des trahisons envers la France que parmi nos soi-disant patriotes. Biron et Montmorency payèrent de leur vie, l'un sous Henri IV et l'autre sous Louis XIII, leur révolte et leurs intrigues avec l'Etranger. De nos jours, au contraire, un empereur démocrate, à la tête de 80,000 hommes, passe à l'ennemi en calèche découverte et meurt tranquillement dans son lit. Un maréchal de France, commandant une armée de 150,000 soldats d'élite, capitule et trahit sa patrie : sept généraux le condamnent à mort, il est vrai, à l'unanimité, mais en demandant en même temps une commutation de peine, qui rend leur jugement illusoire. Le maréchal échappe donc à la mort, et après une très-courte détention dans une forteresse d'où il s'évade, sa première visite est pour la Prusse ! On a fusillé cependant et on fusille encore des coupables obscurs, dont les égarements, les crimes, si l'on veut, ne sont que la conséquence de ceux des Grands. Est-ce là de l'équité ? Est-ce de l'honneur ? Est-ce même du sens moral ? Et comment veut-on que les peuples, après de tels scandales, respectent l'autorité ? Non, cela n'est pas possible.

Les gouvernements se plaignent avec amertume, du mépris où est tombée l'autorité publique et de l'abaissement des caractères. Mais ces deux grands maux de notre époque sont le produit de l'autorité elle-même. Qu'on regarde, en effet, autour de soi à qui elle est confiée et qu'on ose dire qu'on puisse toujours l'aimer et lui obéir, autrement que contraint, sans protester ? Le droit est persécuté et l'injustice triomphante à peu près partout. « La force prime le droit », selon l'évangile de notre vainqueur. Mais il faut ajouter aussi que la force change de mains et que le droit seul reste : c'est ce que les événements apprendront à cet homme, si vain de ses faciles triomphes sur un peuple désarmé, et peut-être beaucoup plus tôt qu'on ne le pense. Oui, le Pape et les Evêques resteront, malgré vous et vos complices de toute nation, dans la guerre que vous leur déclarez, Prince de chancellerie d'un petit royaume d'hier; et quant au Roi, au seul vrai roi, si Dieu ne lui rend pas son trône afin de vous châtier, du moins les royalistes n'iront-ils jamais déposer des bulletins dans une urne, pour se courber ensuite devant des Sardanapales, des Tibères, des Vitellius ou des Nérons.

Comme les moyens employés pour arriver aux honneurs sont généralement réprouvés par la morale, on ne doit donc pas s'étonner que le Pouvoir, vicié dans son principe même, par ses intrigues et ses mauvais exemples, et soutenu seulement par la force, n'ait qu'une durée de quelques jours et soit complétement incapable de faire le bien. Ce sont pourtant ces gouvernements de parvenus sans foi ni loi qui entreprennent de régenter la noblesse ! Le moment est bien choisi vraiment; commencez par vous corriger vous-mêmes. Que les nobles anciens prennent ou non des titres suivant leurs traditions, les usages, les abus mêmes, si vous l'aimez mieux, de leur caste, qu'ont-ils de commun ces titres avec les vôtres, hommes sans passé ni lendemain, et que vous importe ?

La Révolution, loin d'avoir réformé les abus de l'ancien régime, comme elle s'en vante, a tout confondu, même les titres et les noms. C'est elle qui la première a affublé ses vilaines célébrités, toujours ridicules et très souvent criminelles, de qualifications héraldiques, quoique celles-ci fussent la négation même de son origine et de ses tendances. Les gentilshommes auraient pu se moquer de ses sottes dignités d'emprunt, en se bornant à prendre seulement la particule. Mais la Révolution ne les en a pas laissés libres, puisqu'elle a usurpé aussi ce titre nobiliaire (car c'en est un, ne lui en déplaise, qui est même devenu le plus distinctif de tous), et l'on a vu les noms les plus roturiers s'aristocratiser, en s'adjoignant ceux de toute sorte de lieux connus ou ignorés, de hameaux, de bourgs, de villes, même de départements. La Révolution a donc grandement contribué au désordre et à la confusion des titres et des noms ; et certes il ne faut pas attendre d'elle de bonnes mesures pour y remédier. Donc qu'elle agisse comme bon lui semblera, je ne connais dans l'état présent des choses qu'un moyen de la combattre, c'est de lui opposer le mot adressé par Paul-Louis Courrier à Bonaparte, quand celui-ci réclama, en 1804, le vote de la France pour devenir empereur : « Le vrai César l'entendait bien mieux et aussi c'était un autre homme, il ne prit point de titres usés, mais il fit de son nom même un titre supérieur à celui de roi. »

Que tout homme vraiment homme, partisan de la monarchie ou républicain, noble de naissance ou non, fasse son profit de ce mot et le mette en pratique, suivant son caractère, sa position et les temps. Lorsqu'un grand nom est inscrit dans les fastes de l'histoire, il importe peu qu'il soit titré sur les registres bourgeois de l'état-civil.

La Rochette-l'Etang, 8 septembre 1874.

P. S. Le ministère est renversé, cela était infaillible dès qu'il voudrait s'affirmer sur une question de quelque importance, et tous les ministres ont donné leur démission. Donc, le nouveau garde des sceaux sera bien cette fois le quatrième depuis un an. Celui-là aura-t-il plus de temps que les précédents pour faire la police des titres ? Il est permis d'en douter. Celui qui vient de se retirer n'avait pas manqué d'assister la veille à l'inauguration de l'Opéra, où tous les personnages officiels brillaient au premier rang. M. le garde des sceaux était-il plus ou moins à sa place à l'avant-scène ou dans les coulisses du *plus grand et du plus célèbre théâtre du monde* que sur le banc des ministres du gouvernement de Versailles, je le laisse à juger à d'autres qui connaissent le chef de la magistrature française mieux que moi. Seulement dès le lendemain que l'Assemblée avait à décider si elle rétablirait ou non la charge de premier avocat général, on a remarqué que le garde des sceaux a fait demander l'ajournement (toujours l'ajournement !) par son sous-secrétaire d'État ou sa doublure, pour parler comme à l'Opéra, sous prétexte qu'il était indisposé. Sans doute qu'il avait éprouvé un refroidissement à la sortie de ce spectacle, annoncé depuis si longtemps à l'avance dans les journaux, spectacle où le ministère avait cru sa présence d'autant plus nécessaire qu'il devait tomber avant la prochaine nuit. Et c'est encore ce garde des sceaux si chancelant d'un gouvernement qui ne l'est pas moins lui-même, attendu qu'il n'est ni monarchique ni républicain, c'est ce même garde des sceaux qui a, comme je m'en suis étonné en commençant, eu la singulière idée, peut-être dans un entr'acte, de composer une circulaire réglementaire à l'adresse des nobles !

Comédiens ! charlatans ! je veux de nouveau vous le répéter, puisqu'il vous faut absolument un théâtre pour vos parades, restez aux premières loges ou dans le foyer de la danse de l'Académie impériale, royale ou nationale de musique, peu importe, et quittez pour toujours la scène du monde politique et moral, où vous ne pouvez être pour le public qu'un objet de mépris et de risée ; mais, de grâce, laissez aux gens sérieux le gouvernement des choses sérieuses et renoncez à votre manie de discipliner la noblesse avec laquelle personne ne voit ce que vous avez de commun.

« Ne dédaigne pas qui veut. » On peut dire aussi : N'usurpe pas qui veut... du moins les noms historiques, les seuls à peu près qui aient du prix aujourd'hui. Dénoncez ou faites dénoncer par vos agents, si telle est votre inclination, gardes des sceaux d'un ou deux trimestres, mais à quoi aboutiront toutes vos tracasseries ? A rien, si ce n'est à déconsidérer les magistrats, ainsi que je vous l'ai dit plus haut, et à donner de l'importance à des gens, des noms ou des choses vulgaires, dont le bon sens du premier venu ferait justice et que le ridicule seul tuerait.

Quant aux titres étrangers, tant vaut le prince qui les confère, tant valent ces titres eux-mêmes. Il est clair qu'un comte ou baron, créé par un grand souverain comme l'empereur de toutes les Russies, par exemple, quand ce comte ou baron ne serait pas reconnu par vous, sera un peu plus remarqué et apprécié qu'un duc sorti de la chancellerie du prince de Monaco, même enregistré par la vôtre. Mais tout prince issu d'ancêtres qui ont régné, tels que les Bourbons, qui sont au-dessus de tous, ou de simples descendants des principales maisons féodales de l'Europe, tout prince issu de ces maisons illustres n'est soumis au contrôle d'aucune puissance. Je vous renvoie, pour vous convaincre de l'impertinence ou, pour être plus poli, de l'incompétence de votre circulaire à cet égard, à mes brochures nobiliaires et notamment à celle qui est intitulée : *Quels sont les ennemis de l'ancienne noblesse?* commençant ainsi :

« Qui t'a fait comte? demandait Hugues Capet à un comte de Périgord. — Qui t'a fait roi? lui répondit fièrement le vassal.

. . . .

» Une famille d'origine princière n'est soumise à la juridiction héraldique d'aucun souverain, quelque puissant qu'il soit. Se figure-t-on, pour ne citer qu'un exemple des vicissitudes des révolutions, se figure-t-on les Vasa, si leur destinée, dans la suite des temps, les ramenait en Suède, sommés par les Bernadotte ou toute autre race de nouveaux souverains, de faire leur preuve de noblesse, ou de justifier de leur qualité de prince, devant une commission de bourgeois, titrés ou non, de Stockolm ou de Christiania? La chose n'en serait ni moins ridicule ni moins odieuse, si elle se produisait à Paris, Vienne, Saint-Pétersbourg ou Berlin. »

9 janvier 1875.

L'Assemblée nationale avait repoussé la République le 29 janvier à vingt-trois voix de majorité; hier 30, elle l'a votée à une voix de majorité.

Les voilà donc satisfaits ces parlementaires de l'école de M. de Girardin qui écrivait sous Louis-Philippe : « On peut gouverner avec une voix de majorité. » Ce qui se passe serait, en vérité, du dernier bouffon, si ce n'était si périlleux et si triste. Voilà où en est l'Assemblée, voilà où en est le gouvernement de la France, après quatre ans de discussions stériles! Ah! tous ceux qui aiment leur patrie et qui sacrifieraient tout pour elle, oui ceux-là ont trop vécu, puisqu'ils devaient rougir d'une pareille honte.

Pauvre, pauvre France! voilà donc comme te gouvernent ces hommes pernicieux qui s'écriaient, en 1830, lorsque tu étais si glorieuse et si prospère : « Malheureuse France, malheureux Roi! » Ah! malheureuse Assemblée, malheureux pays, les Bourbons sont trop vengés!

31 janvier 1875.

LE ROI EST IMPOSSIBLE

Pourquoi?

PARCE QUE LES ORLÉANISTES LE VEULENT AINSI

Potiùs mori quàm fœdari.

Ce n'est pas d'aujourd'hui que j'entends dire que le Roi est impossible. Les orléanistes ont toujours eu un grand intérêt à le faire croire, depuis près d'un demi-siècle qu'ils ont détrôné Charles X ; et ce serait mal connaître le cœur humain que de croire qu'ils voudront jamais franchement rappeler son petit-fils. Les hommes ne pardonnent point à ceux qu'ils ont offensés.

On sait que le prince de Talleyrand fut le premier ambassadeur de Louis-Philippe en Angleterre. Il s'était alors formé à Londres une société de Français de distinction, tous victimes de la révolution de 1830, et attendant en exil des jours meilleurs. Cette société, on s'en doute bien, ne se mêlait pas à celle qui fréquentait l'ambassade de France. Trois ou quatre personnages étrangers avaient seuls le privilége d'être admis dans les deux camps ennemis. « Eh bien ! demanda un jour M. de Talleyrand à l'un de ces personnages, que disent les Georgiens ? » L'ambassadeur appelait ainsi les Français dévoués à la branche aînée, du nom de *Georges street,* quartier où ils habitaient.— « Prince, répondit son interlocuteur, les Georgiens disent qu'ils aimeraient mieux avoir Henri V que Louis-Philippe pour roi. — Ah ! vraiment, reprit M. de Talleyrand, ils ne sont pas difficiles ; mais, hélas ! ils y sont eux-mêmes le plus grand obstacle. »

Maintenant messieurs les ducs, c'est ainsi qu'on désigne une demi-douzaine d'orléanistes très influents, parce qu'ils sont à la fois ducs par leur titre et guides de leur parti, messieurs les ducs, après quarante-cinq années de nouvelles expériences politiques, depuis la chute de la Restauration, vont, dans leurs appréciations sur le Roi et les royalistes, beaucoup plus loin que le célèbre évêque apostat. Car où celui-ci ne voyait que des obstacles qui, pour être grands, n'étaient pas insurmontables, les ducs et leur troupeau proclament, du haut de leur omnipotence et suffisance, qu'il y a des impossibilités. Oui, le Roi est impossible, crient-ils à tout venant. Et vous donc, l'êtes-vous moins, messieurs? On vous a vus et l'on vous voit encore à l'œuvre.

Trois causes principales, sans parler des autres, ont démoralisé la France :

D'abord, les richesses prodiguées et les titres de la Monarchie conférés aux jacobins souillés du sang de Louis XVI, des nobles et des prêtres, par Napoléon Ier, assassin lui-même du duc d'Enghien, et devenu empereur de parade, si justement nommé Jupiter-Scapin.

Puis la ratification, par Louis XVIII, de la vente des biens nationaux, et l'entrée du régicide Fouché dans l'un de ses ministères.

Enfin, le serment politique exigé par Louis-Philippe et Napoléon III, tous les deux traîtres et parjures, l'un à son Roi, l'autre à la République.

La société n'a pas d'autre base que le respect de la foi jurée. Tout homme qui manque à sa parole est dépravé ; toute nation qui se joue du serment est une nation perdue.

Qui relèvera la France de son abaissement?

Le duc de Broglie affirme que c'en est fait des institutions, et qu'il ne nous faut plus qu'un homme.

Mais quel sera cet homme qui nous sauvera, si ce n'est pas le Roi?

Est-ce parmi les d'Orléans, est-ce parmi les Bonaparte que vous espérez le trouver? Mais tous ont été déjà quatre fois chassés de 1814 à 1870, et ils le seraient de nouveau si on les rétablissait sur le trône, plus ignominieusement et bien plus promptement encore, puisque chacun de vous a la prétention de se mettre à la place du Roi. Voilà pourquoi vous dites aussi que la République est impossible. Oh! tout doit l'être sans doute, dans votre pensée, excepté vous. C'est ce que l'avenir nous apprendra. Agitez vous et intriguez à votre aise ; il n'y a que deux gouvernements sérieux et durables : la République ou le Roi. Entr'eux, tôt ou tard, vous serez obligés d'opter.

En attendant, voici ma profession de foi : Comme tous les souverains bâtards qu'il vous conviendrait encore d'imposer à la France, ne représentent que de vils intérêts, le mensonge, la trahison, l'injustice et l'assouvissement des plus brutales passions ; tant que le Roi existera, je le croirai possible et lui serai fidèle, parce que c'est le seul Roi qu'un chrétien, qu'un homme d'honneur, qu'un vrai patriote enfin puisse désormais reconnaître et respecter. Mais si j'ai le malheur de lui survivre, sans l'avoir vu ceindre la vieille couronne des Francs, le Roi est mort, dirai-je alors avec la plus vive douleur, plus de rois !

Avec la République, en effet, on peut servir son pays, sans être lié par un serment avilissant à un homme qu'on hait et qu'on méprise ; car depuis longtemps les chefs des nations, au lieu d'être des pères qui les aiment et les protégent, ne sont plus que des tyrans ou des parasites qui les exploitent et les ruinent.

La République, surtout quand la Religion prospère, n'est pas la Révolution. En tout cas, mieux vaut la liberté avec ses luttes et ses orages, qu'un roi tricolore ou l'empire des Bonaparte, avec le silence de l'esclavage et le déshonneur.

J'ai cité, à la fin de ma dernière brochure, un passage de *l'Allemagne,* de Mme de Staël, qui me semblait confirmer tout ce que j'avais dit. Qu'il me soit permis de tirer la conclusion de celle-ci de la *Nouvelle satire Menippée,* écrite par mon père au commencement de 1855, quelques mois seulement avant sa mort.

« Du reste, en écrivant cette satire amère pour moi-même, je suis loin de me dissimuler combien un moraliste, pénétré d'un sincère amour pour sa patrie, a mauvais jeu en face d'une société dévoyée comme la nôtre, après soixante ans d'impiétés se disant savantes et soixante autres de révolutions spoliatrices et sanglantes : celles-ci étant le digne complément de celles-là. Je l'ai déjà déclaré et je crois devoir le répéter ici : je n'écris pour aucune récompense en cette vie. Je n'y ai désiré aucune autre que celle de fortifier dans le devoir les âmes et les cœurs de bonne trempe, et de ramener, s'il est possible, au bon sens et à la constance les esprits encore honnêtes qui s'égarent ou vacillent dans l'honneur de leurs anciens sentiments et ceux de leurs pères. Qu'on daigne m'en croire : lors même que je reverrais ce qu'il m'est bien permis de regretter d'autant plus légitimement et d'autant plus sensément que je n'en ai point été du tout l'enfant gâté, malgré mes services et mes sacrifices personnels et ceux des miens, de leur fortune et leur sang ; lors même enfin que je verrais s'établir tout ce que je pourrais désirer, je n'ai rien, absolument rien à lui demander. Je laisserais cela aux nouveaux dévouements, aux revenants et venants qui ne manqueraient pas d'affluer et embarrasser fort les avenues du pouvoir. Qu'il soit donc bien entendu que cet ouvrage, comme les précédents, n'est qu'une mission de conscience que je me suis imposée comme un dernier devoir envers mon pays. Quant aux jugements divers qu'en pourra porter un monde tout prêt de s'évanouir pour moi, cela m'importe peu. »

Non moins désintéressé que mon père, et plus indépendant encore que lui de position et de caractère, je m'associe pleinement à ces sentiments.

Nous sommes depuis longtemps gouvernés par les doctrinaires, c'est-à-dire par des hommes qui font plier toutes les doctrines et tous les principes devant leur intérêt ou leur ambition. Pour arriver et se maintenir au pouvoir, aucune palinodie ne leur coûte, et si l'on s'avise de leur en faire des reproches, les uns vous diront magistralement avec M. de Falloux : « L'injure suit la loi des corps physiques; elle n'acquiert de gravité qu'en raison de la hauteur d'où elle tombe. » Les autres, avec M. Guizot, vous répliqueront plus majestueusement encore : « Jamais la grandeur de vos injures n'atteindra à la hauteur de mon dédain. »

Mais que prouve cette savante et hautaine pédanterie, que des adversaires peuvent toujours se renvoyer? D'abord, ne dédaigne pas qui veut, selon un proverbe connu que j'ai déjà rappelé; puis, je l'ai dit dans ma préface générale : l'on n'a, quand on répond et qu'on discute, recours aux injures que lorsqu'on n'a pour soi ni les raisons ni les faits.

Plus j'y réfléchis, moins je vois, en dehors du christianisme, de vertu ni de vraie grandeur dans les hommes de notre époque, même les plus éminents. On ne trouve généralement chez eux que de la vanité ou de l'orgueil, mais sans noble fierté aucune. Toujours préoccupés de défendre leur propre gloire, tâche ou soin qu'ils devraient laisser à la postérité, celle-ci les jugera certainement frivoles, petits, téméraires, tels qu'ils sont en effet.

Le chrétien seul est au-dessus de tout, de la réputation, du succès, comme des revers. Seul, il aime la vérité, parce qu'il n'en a rien à craindre; seul, il rend justice à tous, même à ses envieux et à ses ennemis déclarés; seul enfin, maître de lui-même et ne souhaitant l'être de personne, il est digne de commander aux hommes et de vivre dans leur mémoire : c'est par là que je conclus.

EXTRAITS RAISONNÉS

A L'APPUI DES CONCLUSIONS DE MES DIFFÉRENTS ÉCRITS

> Je ne sais quel penseur plein d'esprit a dit : « Il » est toujours bon d'apprendre, même de ses enne- » mis, mais il est souvent dangereux d'enseigner, » même à ses amis. »

« Un jeune homme d'Alexandrie se présente pour vivre au milieu des solitaires de la Nitrie ; Macaire, auquel il s'adressa, voulut l'éprouver : Allez, lui dit-il, dans le cimetière qui est proche, adressez-vous aux morts, et dites à chacun tout ce qu'on peut dire à un homme de plus injurieux. Le jeune homme fit ce qui lui était commandé, et lorsqu'il revint, Macaire lui demanda ce qu'on lui avait répondu. — Rien. — Eh bien, retournez et faites le tour du cimetière, en chantant les louanges de tous ceux qui y sont ensevelis. — Le jeune néophyte obéit et revint. — Qu'ont dit les morts ? — Rien. — Profitez donc de la leçon, dit le vieux solitaire, imitez l'indifférence des morts pour les jugements des hommes, et vous vivrez pour Jésus-Christ. — Voilà quelle était la philosophie du désert de Scetté ; croyez-vous qu'on ait jamais entendu d'aussi belles paroles dans Saïs, dans la ville de Minerve, dans la ville où Solon et Platon allaient apprendre la sagesse ? »

(*Correspondance d'Orient* de MM. Michaud et Poujoulat, tome V, page 168.)

« Le sentiment des convenances est dans tout l'Orient comme une religion, et personne n'y manque. Vous pouvez rencontrer un Arabe bédouin, qui vous dépouillera, un musulman fanatique qui insultera à votre costume ; mais s'il vous reçoit comme hôte, vous ne trouverez en lui que des procédés généreux, et vous n'entendrez dans sa maison que des paroles affectueuses. J'ai visité des gens de toutes les classes, des pauvres et des riches, des artisans, des paysans, des pachas, des ulémas, des derviches, des hommes du désert, des hommes des cités ; on m'a fait partout la même réception. Je n'ai pas rencontré sur mon chemin, depuis que je parcours l'Orient, un homme impoli et grossier, un homme comme ceux que nous appelons chez nous des rustres et des gens mal élevés. »

(Id., tome VII, page 210.)

Je comprends alors que les Turcs nous appellent chiens de chrétiens et repoussent avec horreur notre prétendue civilisation. Car, chez nous l'hospitalité n'est sacrée nulle part, Il n'y a pas de véritable politesse, en effet, où le christianisme n'existe pas, ou bien, ce qui est pire, où il est défiguré, dégénéré et dégradé, comme presque partout aujourd'hui.

« Qui sait les maux que les révolutions des empires peuvent apporter avec elles ! Il suffirait peut-être d'une seule victoire remportée par la barbarie contre le génie des lumières, pour que le monde retombât dans une profonde nuit. La vieille Égypte n'a-t-elle pas péri tout entière avec ses monuments, avec ses sciences, et la langue même que parlait son peuple ? Qui sait d'ailleurs où peut nous conduire la passion des nouveautés, le dégoût de tout ce qui est ancien, la satiété qui doit naître un jour de la profusion et de l'énormité de nos richesses intellectuelles ? Vous savez que les gens qui sont employés à pourvoir nos bibliothèques sont cent fois plus nombreux que les ouvriers employés aux vieilles pyramides ; chaque jour le génie devient plus fécond, chaque jour l'imprimerie découvre un nouveau moyen pour multiplier les livres. N'arrivera-t-il pas à la fin que les livres seront en si grand nombre qu'on ne pourra plus ni les lire, ni les loger, ni les compter ! Croyez-vous qu'alors on aura un grend respect pour cette multitude de chefs-d'œuvre, et qu'on les estimera beaucoup plus que l'herbe des champs et la poussière du désert ? Lorsque dans ces montagnes de papier imprimé, tout sera confondu, le bien et le mal, la vertu et le vice, la sottise et le génie, la religion et l'impiété, la vérité et le mensonge, lorsqu'on aura tout dit, tout épuisé, et qu'il n'y aura plus rien de neuf, lorsque tout sera brouillé au point qu'il n'y aura plus rien de vrai, pensez-vous qu'il ne se trouvera pas des barbares qui diront ceci : « Brûlez tous ces livres, » et qui les brûleront eux-mêmes, non pas pour la plus grande gloire du Coran, mais seulement pour faire quelque chose de nouveau et pour recommencer le monde d'après des idées nouvelles.

» Je parle comme les ruines qui nous environnent, et les ruines ont souvent le don des tristes prophéties. Jadis on venait apprendre la sagesse dans cette bibliothèque, dans cette école d'Alexandrie ; aujourd'hui qu'il n'y a plus là ni livres, ni docteurs, le désert lui-même est encore un grand enseignement. »

(Id., tome VIII, page 56.)

Cette prophétie s'accomplira-t-elle un jour? Je l'ignore, mais ce n'est pas impossible. Ce que je puis affirmer, après avoir passé ma vie sur les livres, c'est que j'aurais voulu qu'il y en eût moins ; car peu de bons livres relus souvent ornent plus l'esprit que tout un fatras mal digéré. Aussi ai-je fait des extraits, depuis ma jeunesse, de ce qui m'a paru le meilleur dans mes lectures ; de sorte qu'on brûlerait désormais toutes les bibliothèques, toutes les officines de journaux, pourvu que les livres saints échappassent aux flammes et que mes extraits me fussent laissés, je me consolerais facilement de la perte du reste.

Notre siècle croit au progrès indéfini, quoiqu'il ne produise plus guère que des livres avec d'autres livres ; quelle folie ! L'intelligence humaine a des bornes qu'elle ne dépassera pas, et ces bornes une fois atteintes, elle est condamnée forcément à se répéter.

« Dans les Etats en décadence, il est assez ordinaire de prendre la richesse pour la puissance, et le prince croit toujours régner sur les cœurs tant qu'il lui reste de quoi les corrompre. »

(*Histoire des Croisades,* tome I, livre II, page 101.)

« Une histoire curieuse serait celle qui retracerait, dans le même tableau, l'empire spirituel et l'empire temporel des Papes. Qui ne serait surpris d'y voir, d'un côté, une force à laquelle rien ne résiste et qui va remuer le monde, une volonté toujours la même qui se transmet de pontife en pontife comme un dépôt ou comme un héritage sacré ; de l'autre, une politique faible et changeante comme l'homme, un pouvoir qui peut à peine se défendre contre les derniers de ses ennemis et qu'à chaque moment le souffle des révolutions peut ébranler? Dans ce parallèle, l'imagination serait éblouie, lorsqu'on lui représenterait un empire tel qu'on n'en a jamais vu sur la terre, et qui ferait croire que les Papes n'appartiennent point à ce monde fragile et passager, une puissance que l'enfer ne peut abattre, que le monde ne peut corrompre, qui, sans le secours d'aucune armée et par le seul ascendant de quelques paroles, dompte plus de rois et se montre plus formidable que l'ancienne Rome avec toutes ses victoires. Quel plus magnifique spectacle peut nous offrir l'histoire des empires? Mais dans l'autre partie du tableau, qui ne serait ému de pitié, en voyant un gouvernement sans vigueur, une administration sans prévoyance, ce peuple descendant du peuple-roi, conduit par un vieillard indolent et timide, la Ville éternelle tombant en ruine et comme cachée sous l'herbe? Lorsqu'on voit si près d'un pouvoir presque surnaturel, la faiblesse, l'incertitude, la fragilité des choses d'ici-bas, et l'humanité avec toutes ses misères, pourquoi ne serait-il pas permis de comparer la double puissance des Papes à Jésus-Christ lui-même, dont la double nature nous présente d'un côté un Dieu rayonnant de splendeurs, et de l'autre un simple mortel chargé de la croix et couronne d'épines? »

(Id., tome IV, livre XXII, chap. 7.)

On rapporte que Julien l'Apostat, blessé à mort dans son expédition contre les Perses, prit dans sa main du sang de sa blessure et qu'il s'écria, en le jetant contre le Ciel : « *Tu as vaincu, Galiléen!* » Les hypocrites, les faux sages, les pygmées couronnés de nos jours qui s'attaquent au pouvoir spirituel du Pape, non moins qu'à son pouvoir temporel, ne vaincront pas plus que le fameux empereur romain.

« On retrouve la noblesse chez tous les peuples où la mémoire des aïeux est comptée pour quelque chose. On ne peut douter que la noblesse ne fût connue chez les Francs et les autres peuples barbares qui avaient envahi l'Europe. Mais sous quel point de vue cette noblesse était-elle considérée avant le onzième et le douzième siècles? Comment fut-elle d'abord constituée? Comment se transmettait l'illustration des races? Il nous reste peu de monuments à l'aide desquels on puisse décider ces questions.

» Lorsqu'on pense avec quelle rapidité s'écoulent les générations, et combien dans les temps même de la civilisation, il est difficile à la plupart des familles de faire leur propre histoire pendant un siècle, faut-il s'étonner que dans des temps d'ignorance et de barbarie on ait eu si peu de moyens de conserver la mémoire des familles les plus illustres? Outre que les témoignages écrits étaient presque inconnus, l'idée de la véritable grandeur, l'idée de ce qui fait l'illustration historique, ne frappait point encore assez les esprits. »

Ces deux assertions ne sont pas exactes relativement à l'Italie.

. . . .

« Quand la civilisation jeta ses premières lueurs les idées morales de la grandeur se rattachèrent au nom des anciennes familles, et la noblesse ne fut véritablement instituée que lorsqu'on commença à sentir le prix de la gloire. Ce qu'il y a de certain, c'est que dans les croisades, la noblesse acquit une illustration qu'elle n'avait point eue jusqu'alors. Ses exploits pour la cause de la chrétienté étaient bien autre chose que ces guerres de châteaux à châteaux dont elle s'occupait en Europe. Elle trouva dès lors ses archives dans l'histoire, et l'opinion que le monde avait de sa bravoure devint son plus beau titre. »

. . . .

Tout cela, vrai pour le reste de l'Europe, ne l'est pas du tout au-delà des Alpes. Les patriciens de Venise étaient déjà illustres dès le sixième siècle de notre ère, et plus d'un patricien de Rome remonte jusqu'au sénat du peuple-roi.

. . . .

« Tout nous porte à croire que l'origine des surnoms et surtout des armoiries, est due aux croisades. Le seigneur n'avait pas besoin d'un signe de distinction lorsqu'il ne sortait pas de son manoir; mais il sentit le besoin de se distinguer des autres, lorsqu'il se trouva loin de son pays, confondu dans la foule des croisés. Un grand nombre de familles se ruinèrent ou s'éteignirent dans les guerres saintes. Celles qui étaient ruinées s'attachaient davantage au souvenir de leur noblesse, le seul bien qui leur restait; après l'extinction des familles on sentit le besoin de les remplacer; ce fut alors qu'on introduisit, sous Philippe le Hardi, l'usage de créer des nobles. Dès qu'il y eut des nobles nouveaux, on mit plus de prix à passer pour anciens. La propriété ne parut plus suffisante pour conserver et transmettre un nom qui devenait lui-même une propriété consacrée par l'histoire et reconnue par la société; ce fut alors que la noblesse devait tenir davantage à des marques distinctives.

» A la chute du gouvernement féodal, la noblesse, il est vrai, formait encore, en grande partie, la force de l'armée; mais elle servit l'Etat avec un nouveau caractère : elle se conforma plutôt à l'esprit de la chevalerie qu'à celui de la féodalité; un gentilhomme ne fit plus au souverain l'hommage de sa terre, mais il jura sur son épée de lui rester fidèle. »

. . . .

« Il est difficile toutefois de juger d'une manière précise, si la noblesse perdit moins qu'elle ne gagna aux changements qui s'opérèrent à la suite des croisades. Les prérogatives honorifiques qui lui restaient, sans lui donner une force positive, armèrent contre elle plus de passions jalouses que n'avaient fait la puissance territoriale, car on a pu remarquer que l'amour-propre de l'homme souffre plus volontiers dans les autres la richesse et le pouvoir qu'il ne souffre les distinctions. Plus tard la noblesse put reconnaître le tort qu'elle avait eu de ne point se mettre à la tête de la révolution des communes, ce qu'elle pouvait faire facilement. »

Ce tort est devenu un malheur pour elle comme pour la France, et surtout pour la royauté. Car lorsque la noblesse fut amoindrie, la royauté se trouva seule en face du peuple qui l'a renversée, en 1789, pour se perdre depuis près d'un siècle, dans des révolutions sans but et sans fin.

. . . .

« Sous le règne de François Ier, la noblesse se ruinait pour les guerres de la couronne, comme elle s'était ruinée deux siècles auparavant pour les guerres saintes. Elle se ruinait dans une carrière qui l'écartait du gouvernement et la maintenait dans l'ignorance des affaires, tandis que d'autres s'enrichissaient dans des emplois paisibles, exerçaient utilement leurs facultés et s'occupaient exclusivement du pouvoir. Une des grandes erreurs de la noblesse, à cette époque, fut de prendre l'illustration pour la force, la faveur des rois pour la puissance, l'opinion des hommes pour un appui. Entourée de glorieux débris et dépouillée de ce qu'elle avait de plus solide, elle se réfugia en quelque sorte dans l'histoire ; mais l'histoire ne relève point ceux qui tombent, elle ne conserve que le vain souvenir des grandeurs passées.

» De nos jours, la noblesse a été longtemps présentée comme puissance aristocratique; il fallait d'abord se demander si nous avions une véritable aristocratie. Pour éclaircir les doutes sur ce point, il suffisait peut-être d'étudier l'aristocratie anglaise et de savoir comment elle s'est formée au moyen-âge. A la conquête de Guillaume, soixante mille fiefs furent partagés entre les vainqueurs ; les nobles anglais furent dès lors associés par le lien indissoluble de la terre, et leur puissance se fonda sur le sol inaliénable. Voilà comment s'établit l'aristocratie de la Grande-Bretagne. La noblesse par l'association obtint des chartes à l'aide desquelles elle se trouva instituée et prit son rang dans l'Etat. D'un autre côté, que voyons-nous en France à la même époque? Des barons et des seigneurs qui se font la guerre entre eux, ce qui était contraire à tout esprit d'association, et plusieurs grands vassaux, véritables souverains qui faisaient la guerre à la couronne, mais nullement dans la pensée de fonder une aristocratie. La noblesse française se précipita autour du trône où elle devint la noblesse la plus illustre de l'univers, mais où elle acheva de perdre les conditions nécessaires de l'aristocratie, je veux dire l'appui du sol et l'esprit d'association. Elle avait conservé, il est vrai, d'assez grands priviléges ; elle tint surtout à ceux qui flattaient sa vanité, et négligea ceux qui pouvaient lui donner de la force. Mais il n'y a quelquefois rien de pire que des droits et un pouvoir qu'on n'exerce pas. Il arriva à la fin que la noblesse française n'eût plus d'action réelle dans le système politique dont elle devait régler le mouvement, et qu'elle se trouva seulement représentée dans les assemblées nationales qu'on ne convoquait plus. Telle était l'aristocratie que nous avons vue, il y a quarante-cinq ans, tomber dans une seule nuit, qui n'a jamais pu se relever, et qu'on nous montre encore par dérision, comme un fantôme menaçant. Ce n'est pas le lieu de suivre cette question dans les temps modernes. »

(Id., id., id., chap. 8).

Cette question s'agite cependant toujours et partout, plus encore peut-être qu'à l'époque où écrivait l'historien des Croisades, et tant qu'elle ne sera pas résolue dans le sens aristocratique, il n'y a ni repos ni stabilité à espérer. Car l'égalité, absurde et contraire à la nature des choses, de nos sociétés modernes, c'est le sable incessamment agité par le vent et les tempêtes du désert.

« Pour gouverner quelqu'un longtemps et absolument, il faut avoir la main légère et ne lui faire sentir (1) que le moins qu'il se peut sa dépendance. »

La Bruyère.

« D'autres consentent d'être gouvernés par leurs amis sur des choses presque indifférentes, et s'en font un droit de les gouverner à leur tour sur des choses graves et de conséquence. »

(Idem.)

« Rien n'est plus facile que de faire un extrait avec malice et mauvaise foi, et de rendre ridicule, par la citation de quelques passages isolés, une composition recommandable.

(1) A plus forte raison à une nation.

» Un extrait raisonné et consciencieux n'est point chose facile ni une œuvre sans mérite. »

BESCHERELLE.

Dans l'impossibité où l'on est de lire tous les livres, la plupart inutiles, pour ne pas dire mauvais, qui s'impriment journellement, publier des extraits de choix c'est rendre un véritable service à beaucoup de lecteurs sérieux, qui préfèrent la qualité à la quantité.

Rien ne prouve mieux la décadence des empires que l'excessive multiplicité des lois. Nous en avons, assure-t-on, 87,000 en France ; pour en apprendre seulement la nomenclature, la vie d'un homme, eût-il la prodigieuse mémoire du cardinal Mezzofanti, qui savait quarante-deux langues, ne suffirait certainement pas. Le père Cotton, jésuite, confesseur d'Henri IV, disait à Duplessis-Mornay, surnommé le pape des protestants : « La théologie n'est pas la science de tout le monde ; les bons s'en hébêtent et les méchants s'en empirent. » Ce mot si vrai, adressé aux clercs, l'est bien davantage encore appliqué aux étudiants du Code civil. On parle de réforme sociale, il n'y en a qu'une qui sauverait le monde, ce serait de réduire toutes les lois aux dix commandements de Dieu, avec les règlements, ordonnances ou décrets qui en découleraient. Ces commandements sont seuls nécessaires pour régir les États aussi bien que les familles ; tout le reste est mensonge, iniquité, délire, abus ou superfétation.

Les nobles, les magistrats, les prêtres dont on n'admire plus guère que les armes, les décorations, les broderies ou la robe, deviendraient des hommes respectables par leurs seules vertus, de véritables pères, et ils seraient honorés comme tels. On saurait alors commander, on saurait aussi obéir, science unique pour le bonheur des nations, que nous avons désapprise depuis longtemps. Oui, je le répète en finissant, rien ne prouve mieux la décadence d'un peuple que le grand nombre de ses lois ; cette simple réflexion peut également, dans les écrits qui s'occupent de politique et d'économie sociale, tenir lieu de préface comme de conclusion.

NOUVEAUX EXTRAITS

NON MOINS CONCLUANTS

> Un extrait raisonné et consciencieux n'est point chose facile ni une œuvre sans mérite.

« L'orgueil d'un homme de lettres est babillard et quelquefois instructif; celui d'un ecclésiastique est dissimulé mais flatteur; celui d'un gentilhomme est altier mais franc; celui d'un paysan est insolent mais naïf; mais l'orgueil d'un bourgeois est stupide et morne; c'est l'orgueil à son aise, l'orgueil en robe de chambre. »

BERNARDIN DE SAINT-PIERRE.

Cet orgueil est aujourd'hui celui de la France, car la France est devenue bourgeoise, c'est-à-dire médiocre d'idées et surtout de caractère. La bourgeoisie comprend, en effet, une multitude de gens déclassés et de parvenus de toute origine ou condition qui ne sont pas encore élevés. Il faut, disent les Anglais, trois siècles pour créer un *gentleman*.

Si donc une réaction salutaire ne se produit pas dans les mœurs, notre nation *progressera* rapidement, pour me servir de l'argot du jour, vers l'abaissement final.

« Il serait superflu d'insister sur la situation éminente qui, dans une organisation normale, doit être faite au magistrat.

. . . .

» Les nations modèles se préoccupent donc particulièrement de choisir des magistrats éclairés et intègres, et elles s'appliquent à maintenir chez eux l'amour du devoir et le sentiment de l'honneur.

. . . .

» Malheureusement la profession du magistrat est l'une de celles qui reçoivent le plus directement le contre-coup de la corruption générale. La vénalité de cette classe est l'un des caractères les plus habituels d'une société en décadence. La nature même de la profession ne tend guère à conjurer les défaillances de l'homme. Voyant toujours se dérouler devant lui le tableau des misères morales, le magistrat n'est porté au travail, ni comme l'homme de lettres par la beauté du sujet, ni comme le médecin par l'intérêt qu'offre la lutte du corps humain contre la maladie. Il ne peut d'ailleurs, comme ces derniers, trouver dans le succès une satisfaction d'amour-propre. Dès qu'il n'est plus retenu par le sentiment du devoir, il peut donc rester indifférent ou inattentif devant les intérêts soumis à sa décision. Si, en outre, l'ambition ou la cupidité s'emparent de son âme, il est bientôt conduit de chute en chute, à juger selon l'intérêt de ceux qui, ayant le pouvoir et la richesse, peuvent satisfaire ses passions. Tous les peuples civilisés ont aperçu cet écueil. Ils se sont appliqués à l'éviter, en choisissant les magistrats parmi les plus accessibles au sentiment du devoir, en les rendant indépendants de toutes les influences sociales et en réduisant autant que possible, à l'aide d'institutions auxiliaires, le nombre des juges de profession. C'est surtout par ce dernier moyen qu'ils réussissent à perfectionner le recrutement du personnel et à diminuer les chances de corruption. Le peuple anglais est, parmi les modernes, l'un de ceux qui ont le mieux résolu les problèmes compliqués que soulève l'organisation du corps des magistrats.

» Le prêtre, étant chargé du soin des âmes, est placé par l'excellence de sa mission, au-dessus des professions qui pourvoient aux besoins matériels et en général aux intérêts de la vie présente. Il est tenu d'avoir autant de science que le médecin et que le magistrat. Il doit, en outre, posséder à un degré plus éminent l'amour du devoir et surtout cet ensemble admirable de vertus que les chrétiens appellent esprit de renoncement. La profession ecclésiastique est supérieure à toutes les autres par le principe même du dévouement qu'elle exige. Attendant exclusivement de la vie future la récompense de ses mérites, le prêtre n'a pas besoin d'être stimulé, comme le magistrat, par les honneurs ou les distiections. Les peuples élevés à une grande hauteur morale peuvent se dispenser d'assigner au prêtre un rang dans la hiérarchie sociale ; mais ils le placent dans l'opinion immédiatement après le représentant de l'autorité souveraine. D'un autre côté, le prêtre indigne de sa mission, peut tomber au dernier degré de la corruption. Si alors, cédant aux exigences de sa position, il joint l'hypocrisie à la perversité, il devient très dangereux pour l'ordre social. Au point de vue religieux, c'est le dernier des hommes ; au point de vue civil, il n'est dépassé dans son abaissement que par l'homme d'Etat perverti.

. . . .

» Les hommes d'Etat et les fonctionnaires civils se placent à la fin de cette énumération. Ils offrent, en effet, au plus haut degré ces termes d'élévation ou d'abaissement qui sont le caractère commun des professions libérales. Vu leur qualité de représentants de l'autorité souveraine, ils ont, dans toute constitution sociale, le droit d'occuper le premier rang ; mais ils n'en sont dignes que s'ils possèdent des vertus et des talents supérieurs à ceux qui suffisent dans les autres professions. Ils doivent avoir une connaissance approfondie des intérêts qui leur sont confiés, s'inspirer de principes vrais et les appliquer avec discernement, être animés de l'esprit national et le concilier avec le respect du droit des autres peuples. Il faut enfin que ces éléments de supériorité soient complétés par le désintéressement et par un dévouement sans réserve à la patrie. »

(Le Play, *la Réforme sociale en France*, tome II, livre IV, pages, 221, 222, 223, 224.)

« Les véritables inclinations de notre pays se révèlent souvent à l'observation par les faits et les sentiments qui se rattachent à l'usage des titres de noblesse. L'un des traits les plus affligeants de la décadence de l'ancien régime est l'obstination avec laquelle la noblesse, privée de ses anciennes attributions et déchue de la supériorité qui s'attache à l'accomplissement d'un devoir public, revendiquait des priviléges surannés et un ascendant fondé uniquement sur la naissance. Depuis la révolution, l'ancienne noblesse n'a pas cessé de déchoir : les grandes situations se sont constituées pour la plupart en dehors d'elle, et il serait difficile de citer aujourd'hui une seule qualité qui lui soit exclusivement propre. Les nobles sont même moins liés que le reste de la nation au mouvement utile de la société. Ils abandonnent de plus en plus aux autres classes l'influence qui s'appuie, à la fois, sur le talent, le travail et la richesse. Ils ne possèdent donc plus un droit exceptionnel à la considération publique. Cependant les mœurs maintiennent chez nous avec persistance le prestige de la noblesse. On ne peut trouver pour cet engouement d'autre explication qu'une soif insatiable de priviléges, et la répugnance pour l'égalité dans ce qu'elle a de national et de respectable. Les filles de toute condition, ayant à faire choix d'un époux, préfèrent presque toujours à l'homme doué de vertu, de talent et de richesse, le noble dépourvu de ces qualités. Les pères de famille, eux-mêmes, élevés au premier rang de leur profession, croient rehausser cette situation en s'alliant à des familles titrées. Ce prestige du nom, n'est pas acquis seulement à ceux qui en sont dignes, c'est-à-dire aux nobles dont les ancêtres ont notoirement rendu de grands services au pays. Il est usurpé avec profit par des personnes qui se sont attribué, à l'aide d'une supercherie manifeste, cet avantage si envié. Le succès universel des usurpateurs de titres se fonde évidemment sur une aberration populaire; et celle-ci est entretenue, au sein de notre race, par un puéril instinct d'inégalité. »

(Id., id., id., livre VI, pages 430 et 431.)

Ce qui précède prouve trois choses que j'ai souvent dites dans mes écrits sur la noblesse :

1° Que l'amour de l'égalité existe moins en France que dans tout autre pays;

2° Qu'il n'y a de titres sérieux que ceux qui sont fondés sur des majorats ;

3° Enfin, que dans l'état présent de notre législation, il n'y a plus que les noms historiques qui aient une véritable et incontestable valeur. Ces noms-là, je le répète, ne les usurpe pas qui veut, car, au défaut de ceux qui les portent, ils se défendraient encore d'eux-mêmes.

« Je ne vois pas, d'un autre côté, que ces propensions vers l'inégalité puissent être modifiées, comme l'espèrent quelques-uns, par l'action prolongée d'un nouveau régime qui substituerait, aux classes dirigeantes actuelles, de nouvelles classes sorties des derniers rangs de la société. C'est précisément dans ces rangs inférieurs qu'existent, bien qu'à l'état latent, les sentiments qui demandent à l'inégalité les satisfactions les moins justifiables. Chacun sait, en effet, que ceux qui commencent à s'élever traitent leurs égaux de la veille avec une dureté, toujours rare chez les personnes placées, dès leur naissance, dans une haute situation. Ce vice des parvenus est vivement senti des classes inférieures. Il contribue plus qu'on ne croit à maintenir l'harmonie entre les classes extrêmes de la société. Il prouve que la réforme sociale ne se trouvera pas dans les institutions qui violent la liberté, pour détruire les inégalités établies par certaines supériorités des vivants, ou créées par le travail des aïeux.

» Ce n'est point ici le lieu de juger les diverses tendances que je viens de rappeler. Je me borne à conclure que, malgré les répugnances légitimes attachées au souvenir de plusieurs priviléges de l'ancien régime, notre pays ne montre aucune propension exceptionnelle pour l'égalité, même dans le cas où elle serait désirable. Sous ce rapport, comme sous beaucoup d'autres, la révolution a détruit le bien et aggravé le mal : elle a discrédité les charmantes habitudes d'égalité qui honoraient nos vieilles races ; elle a déversé la haine et l'envie sur les inégalités légitimes qui sont respectées chez les peuples modèles.

» L'égalité est journellement vantée par nos écrivains et nos orateurs, comme le plus sacré des principes sociaux ; mais tous nos parvenus la repoussent même dans ce qui est légitime, avec un entraînement qui ne se manifeste chez aucune autre nation européenne. De cette contradiction entre la doctrine et la pratique naît un état de malaise qui affecte la société entière, et qui pèse principalement sur les classes inférieures. Celles-ci, voulant atteindre le but chimérique qu'on leur montre, et se sentant incapables d'égaler les supériorités, créées par l'intelligence et le travail, s'irritent contre l'ordre établi. Elles sont peu portées à demander à leurs chefs la direction sans laquelle elles ne sauraient s'élever ; tandis que ces derniers s'épargnent volontiers les soucis qu'elle impose. Lorsque la hiérarchie sociale est régulièrement fondée sur la vertu, le talent et la richesse, ou sur le souvenir des services rendus, les classes dirigeantes ont intérêt à la fortifier par l'affection et le succès de leurs subordonnés. Lorsque, au contraire, elle est sans cesse contestée par la haine et l'esprit de nivellement, les chefs de la société sont disposés à étouffer tous les mérites naissants qui pourraient dans l'avenir leur faire concurrence. C'est ainsi que les sociétés s'élèvent et prospèrent à la faveur d'une hiérarchie légitime, tandis qu'elles s'abaissent et souffrent par l'exagération du principe d'égalité. . . . .

» En résumé, les inégalités sociales dérivent de la nature humaine, de même que les météores proviennent de la constitution de l'atmosphère. Comme la pluie qui ravage ou féconde nos champs, comme le vent qui détruit ou anime nos vaisseaux, l'inégalité, considérée en elle-même, ne doit point être signalée comme le mal absolu. Loin de là, elle est une force précieuse pour les nations qui savent en conjurer les inconvénients et en conquérir les bienfaits . . . .

» On se met donc en contradiction avec l'expérience et la raison, quand on présente aux peuples l'égalité et la liberté comme des principes absolus, dont il faudrait poursuivre à tout prix la réalisation pratique. L'égalité et la liberté ne sauraient prétendre à être élevées, comme la religion, la propriété et la famille, au rang des principes primordiaux. Ce sont des préceptes d'ordre secondaire, dont l'application, variant partout avec la nature des hommes et des choses, doit être tempérée et souvent interdite par les préceptes d'ordre supérieur, qui recommandent au respect des peuples l'autorité et la hiérarchie. »

(Id., id., id., id., pages 438, 439, 440, 443, 444.)

« J'ai vécu dans l'intimité d'une multitude d'Anglais qui, ayant conquis par le travail la richesse et l'influence, auraient cru s'abaisser en sollicitant des rubans et des titres. Je ne sais si je pourrais citer trois Français animés du même sentiment. Au nombre de mes plus pénibles souvenirs des fonctions publiques que j'ai remplies, se place l'obligation d'avoir eu à transmettre, à nos divers gouvernements, dix mille sollicitations de cette nature. On m'assure que cette soif d'inégalité est plus ardente que jamais depuis la révolution du 4 septembre 1870. »

(Id., id., tome III, chap. 62, page 327.)

Il y a, en Angleterre, à peine 1,500 personnes titrées, tant pairs que baronnets, et 1,500 autres décorées d'ordres de chevalerie. — Dans la France démocratique, au contraire, c'est par centaines de mille qu'il faudrait les compter.

« En toute circonstance on se plaît, en Angleterre, à proclamer que les fonctionnaires salariés par le trésor public doivent être placés, dans la hiérarchie sociale, au-dessous des personnes privées ayant une situation indépendante. A cet égard, l'opinion des Français de notre temps offre un contraste complet avec celle des Anglais. Impuissants à créer par eux-mêmes la carrière de leurs enfants dans le cercle de la famille et de la parenté, les pères prévoyants doivent chercher appui auprès de ceux qui disposent de ces situations si enviées (les emplois publics).

» Aucune circonstance ne contribue davantage à abaisser l'ancien caractère de la fière nation des Francs. Ceux qui voudraient se relever dans l'estime des autres peuples éprouvent une sorte d'humiliation en voyant tous nos gouvernements, débordés par cet entraînement désordonné vers les fonctions publiques, également incapables de réprimer ou de satisfaire cette forme nouvelle de mendicité. Les familles souffrent de cet état de choses encore plus que les gouvernants. Elles sollicitent péniblement les situations qu'elles créaient elles-mêmes autrefois. Elles supportent des charges d'éducation qui deviennent intolérables, pour peu que leurs enfants se multiplient. Elles perdent leur indépendance et leur dignité quand elles ne se condamnent pas à une stérilité systématique. »

(Id., id., id., chap. 63, pages 391 et 392.)

« La supériorité du régime administratif des Anglais n'est pas due à ce que les dépositaires de l'autorité y seraient plus modérés que ceux du continent, et moins disposés à envahir les attributions des chefs de service subordonnés. Comme je l'ai expliqué, la sage réserve qui les distingue leur est commandée par le désir d'échapper à la responsabilité que leur imposerait un surcroît d'initiative.

» Dans un régime où les fonctionnaires répondent de leurs actes devant les tribunaux de droit commun, il arrive naturellement que chacun d'eux, voulant toujours agir en parfaite connaissance de cause, restreint lui-même son autorité dans de justes limites.

» Jamais on ne voit, en Angleterre, un secrétaire d'Etat absorber vingt services dans sa personnalité, et en assumer la direction devant le public, tout en subissant, en fait, les décisions d'une bureaucratie. »

(Id., id., id., id., page 404.)

Cette monstruosité est cependant le régime ordinaire de la France. La bureaucratie administrative et judiciaire est couverte par un chef nominal ou plutôt par une griffe à signer. Il n'est aucun recours contre ses injustices ou ses erreurs, puisqu'aucune plainte ne peut être porté contre les fonctionnaires devant les tribunaux, qui ne manqueraient pas de se déclarer incompétents.

La France ne s'en croit pas moins le pays de la liberté et de l'égalité.

« Le contraste qui se prononce de plus en plus entre les désastres de la France révolutionnaire et les succès des peuples de tradition condamnera prochainement sans appel l'œuvre de 1789.

» Quant à l'explication de nos avortements politiques, elle est indiquée en traits éclatants par les idées qui ont préparé la Révolution et par les deux Déclarations (des droits de l'homme) qui ont tracé les voies suivies par ses adeptes. Elle a pour point de départ la négation de l'intervention de Dieu dans les affaires humaines, d'où découle logiquement la croyance aux trois faux dogmes (1). En effet, si le règne du bien ne provenait pas de la haute direction que Dieu donne au libre arbitre de l'homme, il aurait sa source dans « la perfection originelle » en vertu de laquelle chaque homme serait naturellement porté à éviter le mal. Si la tendance au bien est universelle dans l'humanité régie par la loi naturelle, « l'égalité providentielle » des hommes devient la base de toute bonne organisation sociale. Ces deux erreurs réunies engendrent, par une déduction logique, le troisième faux dogme. Depuis les premiers âges de l'humanité, les constitutions les plus admirées, celles qui ont le mieux fondé le bonheur des hommes sur la paix, ont toutes présenté les mêmes caractères : elles ont fermement réprimé les tendances innées de la jeunesse et les écarts de l'âge mûr au moyen d'une puissante hiérarchie; en d'autres termes, elles ont violé les deux premiers dogmes. La contradiction qui existe entre les doctrines et les faits de l'histoire implique donc « le droit de révolte » contre les plus légitimes traditions du genre humain. Beaucoup d'honnêtes gens égarés ont cru de bonne foi aux deux premières erreurs, sans apercevoir cette terrible conclusion; mais celle-ci s'est bientôt imposée aux esprits. Les gouvernements qu'ils ont fondés ont tous eu le même sort : impuissants sous l'autorité des fondateurs, ils ont été promptement envahis par les hommes de proie et de violence; ils sont alors devenus impossibles, puis ils ont disparu au milieu d'inévitables catastrophes. »

(Id., id., id., chap. 64, pages 413 et 414.)

« Nous retrouverons la prospérité dont jouissent encore les Anglais, les Allemands et les Scandinaves, quand nous échapperons à la domination malsaine des légistes, des bureaucrates et des lettrés accumulés dans nos villes; quand nous rendrons l'action dirigeante à ceux qui, dans nos campagnes, joignent, à l'exercice ou au patronage du premier des arts, les meilleures habitudes de la vie intellectuelle et morale. »

(Id., id., id., chap. 65, page 443.)

« L'intérêt personnel ne conseille jamais le courage militaire, car aucun des inconvénients qu'on encourt par la lâcheté n'équi-

(1) Les trois faux dogmes de la Révolution sont : 1° la perfection originelle 2° l'égalité providentielle; 3° le droit de révolte.

vaut à ce qu'on risque par le courage. Il faut, pour exposer sa vie, la foi à quelque chose d'immatériel et cette foi disparaît de jour en jour. »

RENAN.

« O mes amis, disait Aristote, il n'y a point d'amis. » Qu'il en fût ainsi parmi les païens, où il n'existait que des maîtres et des esclaves, il n'y a pas lieu de s'en étonner. Mais que cela soit tout aussi vrai chez les chrétiens de nos jours, voilà ce que l'on ne saurait trop déplorer. Cela prouve que la charité est éteinte non moins que la foi. Il nous reste l'espérance sans doute, mais qu'on ouvre les pages de l'histoire et l'on verra que les peuples qui ont perdu la foi n'y sont jamais revenus. Dieu fera-t-il un miracle en notre faveur? Espérons-le contre toute espérance et aidons-nous pour que Dieu nous aide. Mais ne soyons pas dupes des formules creuses de la Révolution. C'est de l'impudence que de parler, en dehors du christianisme, de liberté, d'égalité et de fraternité. Au fond de tout ce qu'enfanta la Révolution que reste-t-il? Rien que le néant et le vide. Ne sachant que nier et détruire, ses affirmations sont des mensonges, et de toutes les grandes paroles dont elle nous leurre ou nous menace une seule est vraie : la mort (1). »

(1) Tout le monde connaît la fameuse devise de 93 : *Liberté, égalité, fraternité ou la mort*, devise que les plaisants du temps traduisaient ainsi : Sois mon frère ou je te tue. Touchante alternative! Chez les révolutionnaires, en vérité, il n'est pas facile de décider si c'est le grotesque ou le hideux qui l'emporte.

DERNIÈRE CONCLUSION

Les fautes des gens d'esprit viennent de ce qu'ils ne peuvent croire le monde aussi bête qu'il est.
Prince DE LIGNE.

Fais ce que dois, advienne que pourra.

Des traîtres, des pervers et des imbéciles, pour se justifier d'avoir abandonné le Roi, ont prétendu qu'il avait trop parlé. Il n'a dit cependant que ce qu'il devait dire. Les mêmes hommes qui incriminent ses paroles, incrimineraient bien plus encore son silence, si Henri V n'avait rien dit du tout. Faudrait-il donc que ce noble prince ne prît conseil et ne tînt sa bannière et sa couronne que de ces parlementaires ou doctrinaires odieux ?

Il n'est pas digne, et ce serait d'ailleurs en pure perte, de chercher à prouver sa valeur à ceux qui, par vanité ou défaut de jugement, l'ont une fois méconnue. Il faut souffrir sans se plaindre, tant que des relations politiques ou sociales sont nécessaires et s'éloigner aussitôt qu'on le peut. L'absence est, en effet, le seul remède qu'un homme sensé doive opposer à l'injustice ou à l'aveuglement de ceux qui sont ses égaux par le rang, mais qui ne le sont, en réalité, ni par la sainteté de la vie, ni par l'intelligence, ni par le cœur.

Hélas ! si le Roi n'a point d'égaux par la naissance, il en a, de fait, malheureusement trop parmi les souverains, qui se sont déclarés ses ennemis comme ceux du Pape, et qui, croyant ainsi maintenir leur pouvoir chancelant, ont ouvertement déserté la plupart la cause du droit et de l'honneur. Si ces princes dégénérés, si la France révolutionnaire des d'Orléans et des Bonaparte continuent à le repousser, malheur à la France ! malheur à l'Europe ! Mais qu'importe au Roi ? Fidèle à la religion, fidèle à son drapeau, fidèle à sa patrie ; grand par ses vertus, grand par ses talents, plus grand encore par un malheur immérité et supporté avec héroïsme, sa gloire, jusqu'à la postérité la plus éloignée, surpassera de beaucoup celles des monarques les plus puissants. L'histoire dira que s'il n'a pas régné, c'est qu'il était trop au-dessus de la triste époque où il a vécu. L'histoire dira que, bien que la royauté fût déjà morte avec Louis XVI, Henri V, comme Louis XIV au faîte de toutes les grandeurs, a été par excellence, durant sa vie, appelé le Roi. Enfin, quand il descendra dans la tombe, l'histoire ajoutera que les peuples subiront peut-être quelque temps encore des despotes et des empereurs d'expédients ou d'aventure, mais qu'ils ne reverront probablement jamais un vrai prince et qu'ils ne crieront plus : vive le Roi !

Qu'importe au juste, j'aime à le répéter, toutes les révolutions des empires, qu'il soit né sous le chaume ou dans un palais ? Qu'il soit flatté ou blâmé, calomnié et délaissé ; qu'il soit proscrit, dans les fers, en exil ou sur le premier trône du monde, rien ne saurait ternir la gloire ni troubler la félicité de sa vie ; rien ne saurait enfler ni corrompre son cœur.

« *In memoriâ æternâ erit justus; ab auditione mala non timebit.*

« Le juste vivra éternellement dans la mémoire des hommes, et il aura une réputation à l'épreuve des traits les plus envenimés de la calomnie.

« *Peccator videbit et irascetur; dentibus suis fremet et tabecet: desiderium peccatorum peribit.*

« Le pécheur la verra cette gloire du juste et il en aura de la douleur ; il en frémira de rage ; il en séchera de dépit ; mais il s'efforcera en vain de traverser un bonheur qui fait son supplice (1). »

Paris, février 1875.

PRINCE DE ROSSY.

(1) Lallemand, *le Sens propre et littéral des Psaumes de David.*

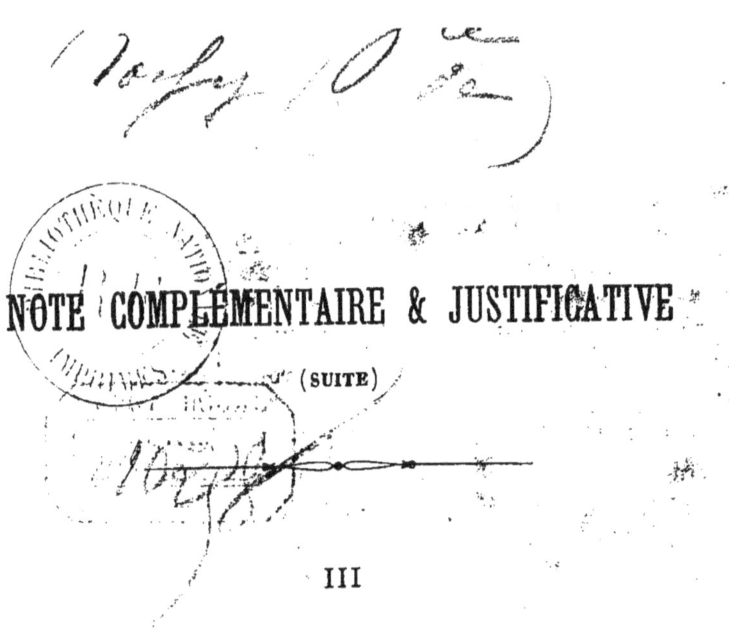

NOTE COMPLÉMENTAIRE & JUSTIFICATIVE

(SUITE)

III

SOTTISE, INSOLENCE ET PERVERSITÉ DE QUELQUES ENNEMIS DE LA MONARCHIE HÉRÉDITAIRE OU TRADITIONNELLE, SE DISANT, AU CONTRAIRE, PARTISANS TRÈS-INTELLIGENTS D'UN ROI QUOIQUE ET NON PARCE QUE BOURBON. (*Style élégant des bourgeois gentilshommes de 1830.*)

> La passion fait sentir, mais ne fait pas voir.
>
> MONTESQUIEU.

Monsieur d'Orléans est fort en honneur près des orléanistes, parce qu'il a conseillé au Roi de subir leurs exigences et de se salir en acceptant le drapeau tricolore ; et comme ce conseil n'a pas été du goût de M. le comte de Chambord, qui a fièrement préféré l'exil à un trône déshonoré, ils vont partout disant, depuis cinq ans, que *c'est un crétin*. Voilà la politesse de cour de ces prétendus royalistes, qui punissent ainsi le Roi de la faute commise jadis par ses ancêtres d'avoir détruit la noblesse au profit des légistes et du tiers-état. Comment une royauté parlementaire serait-elle désormais possible dans ce pays sceptique, sans aristocratie, où le respect pour tout ce qui est élevé, noble et grand est aussi complétement perdu?

Les bourgeois, qu'ils soient ou non titrés ou affublés d'une particule et du nom de leur village, les bourgeois, dis-je, ne s'inquiètent jamais de questions d'honneur. Sauvons la caisse! tel a toujours été leur cri de ralliement. Et comme ils pensent que cette caisse est aujourd'hui en danger, ils en veulent au Roi de ne les avoir pas aidés à la mettre en sûreté en 1873, oubliant qu'avec les conditions qu'ils lui imposaient, leur monarchie replâtrée n'aurait pas duré six mois. Mais c'est perdre son temps que de raisonner avec la bourgeoisie, qui devient injuste, violente et furibonde dès qu'elle a peur. Il faut se borner à lui appliquer ce mot si juste de Montesquieu, cité plus haut : « La passion fait sentir, mais ne fait pas voir. »

L'ancien juste-milieu de Louis-Philippe est très-embarrassé ; il n'aime pas le blanc et il redoute le rouge, ce qui veut dire qu'il est entre ses passions et ses intérêts. Il voudrait rester au tricolore, mais le tricolore aussi est, hélas ! bien menacé. Ce drapeau représente une révolution triviale et sanglante, faite non par le peuple et encore moins pour le peuple, mais bien pour et par de sots, cupides et envieux bourgeois et des nobles dégénérés. Aujourd'hui les descendants de ces tristes et grotesques sires ne pouvant plus tuer ni piller comme leurs pères, tremblent au contraire d'être pillés et tués à leur tour. Voilà pourquoi ils insultent le dernier héritier de la couronne, qu'ils prétendaient dominer, mais auquel ils n'ont jamais voulu se rallier franchement.

Aveugles égarés tantôt par l'ambition, tantôt par la peur, qui ne voient point que le Roi, en se perdant lui-même, ne les sauvait pas !

Dans ma brochure : *Le Pape, le Roi et la Liberté,* écrite en 1872, un an avant l'intrigue ourdie si perfidement afin d'imposer le drapeau tricolore au Roi, je n'avais cité que quatre strophes d'une ode de mon père, stigmatisant les manœuvres de Fouché et de M. Decazes, qui faisaient tous leurs efforts pour diviser les royalistes, au commencement de la Restauration.

Puisque ces manœuvres continuent encore, cette ode, quoique datant de cinquante-cinq ans, me semble toujours de circonstance. Je la donne donc aujourd'hui tout entière, d'abord parce que je pense qu'au point de vue littéraire, elle peut soutenir la comparaison avec les plus belles de J.-B. Rousseau et qu'elle est bien supérieure à celle de Le Franc de Pompignan sur la mort de ce grand poëte lyrique, surnommé l'Horace français, sauf la dernière strophe toutefois, qui, sans rivale dans notre langue, a fait seule la réputation de son auteur dans ce genre de poésie si difficile. Ensuite, politiquement parlant, je trouve qu'il est plus opportun que jamais d'appliquer directement à ceux qui osent injurier grossièrement le comte de Chambord parce qu'il est resté fidèle à son drapeau, l'inimitable strophe de Pompignan et les onze de l'ode de mon père :

Le Nil a vu, sur ses rivages,
Les noirs habitants des déserts

Insulter, par leurs cris sauvages,
L'astre éclatant de l'univers.
Cris impuissants, fureurs bizarres !
Tandis que ces monstres barbares
Poussaient d'insolentes clameurs,
Le Dieu, poursuivant sa carrière,
Versait des torrents de lumière
Sur ses obscurs blasphémateurs.

ODE

A SON ALTESSE ROYALE MADAME, SUR SON PASSAGE DANS LA VENDÉE

Septembre 1823.

I

Levez-vous, cendres généreuses,
Preux Martyrs de la Royauté !
Descendez, ombres radieuses,
Du haut de la sainte Cité !
Notre Vendée enfin contemple
L'Auguste Orpheline du Temple,
Pur sang des Césars et des Rois !
Relevez-vous, Guerriers sublimes,
Des morts franchissez les abîmes
Et venez inspirer ma voix !

II

Du sol fidèle aux Pyrénées (1),
Des peuples quels sont les transports ?
Quels élans de joies spontanées
Ont tout entraîné sur ces bords ?
Français ! c'est Elle ! c'est Marie !
C'est l'idole de la patrie,
Dont l'ascendant, partout vainqueur,
Vient exalter votre allégresse,
Et sait de votre noble ivresse
S'attendrir au fond de son cœur.

III

Disparaissez, horde barbare
D'Anarchistes vains et cruels ;

(1) Madame, duchesse d'Angoulême, venait des Pyrénées après la guerre d'Espagne et retournait à Paris en passant par Bordeaux, la Vendée et Nantes.

L'ambition, qui vous égare,
Vous a rendus trop criminels.
De tous vos rêves sanguinaires,
De vos complots incendiaires
Voyez quel est partout l'effroi.
Abjurez une secte impie,
Tombez tous aux pieds de Marie,
N'ayons plus qu'un culte et qu'un Roi.

IV

Dans quelles mortelles alarmes,
Princesse, ont frémi nos Guerriers,
Quand, seule en proie à tant de larmes,
Tu fus aux mains des meurtriers !
Jamais les lions de Lybie
Ne sentirent plus de furie,
Voyant leurs petits en danger,
Qu'alors, ô moderne Antigone,
Pleins de la terrible Bellone,
Nous brûlâmes de te venger.

V

Mais c'est le Ciel qui t'a rendue
Aux vœux de notre ardent amour :
Des Français la muse éperdue
A cent fois chanté ce beau jour.
Ange vénéré de la France,
Le monde a vu notre constance
Et notre part à tes malheurs.
Vains efforts, dignes de mémoire !
Pourquoi n'eûmes-nous pas la gloire
D'être tes seuls libérateurs !

VI

Quelle imposante et nouvelle ère
S'ouvre à ton magnanime époux ?
Vois sur le Tage et sur l'Ibère
Deux grands peuples à ses genoux,
L'atroce anarchie écrasée,
L'Hespérie entière apaisée,
Deux puissants trônes rétablis,
Par ses vaillantes mains, la France
Porter au loin son influence
Et faire triompher les Lys.

VII

Cathelineau, Bonchamp, Lescure,
Charette, Rochejacquelein,
Vous tous qui d'une foi si pure
Fûtes les dignes paladins,
Formidables vengeurs des crimes,
Et vous aussi, tristes victimes,
Dans vos tombeaux, apaisez-vous;
Sur cette terre encore en cendre,
Notre héroïne va descendre
Et combler nos vœux les plus doux.

VIII

Bordelais zélés et sincères,
Nobles émules, nos rivaux
Vendéens du Midi, vos frères
Forment un pacte avec Bordeaux.
L'héroïne qui nous enflamme,
Saurait sous sa blanche oriflamme
Nous guider en mille combats.
Qu'à jamais une sainte ligue
Oppose une immuable digue
Contre tous nouveaux attentats.

IX

Nous avons vu la basse envie
S'efforcer de nous désunir;
Nous avons vu la calomnie
Oser tenter de nous flétrir;
La France sait la fourbe insigne;
Mais qu'a produit la trame indigne
De quelques ennemis pervers?
Contre la faveur usurpée
La fidélité s'est trempée
Par trente ans d'illustres revers!

X

Toi qu'un prestige inexprimable
Suit en tous lieux, marquant tes pas,
Reine des cœurs, astre adorable,
Reviens, reviens en nos climats.
Quand l'Europe entière t'admire,
Dans l'ardeur que ton nom inspire

Nous pourrions être combattus;
Mais tes Vendéens, d'âge en âge,
Propageront leur pur hommage
A ta grandeur, à tes vertus.

XI

Compagnons, en ce jour prospère,
Élevons nos voix jusqu'aux cieux,
Devant celle que tout révère
Soyons dignes de nos aïeux;
Comme eux, jusqu'aux fatales Parques,
Au sage, au Nestor des monarques,
Vendéens, répétons en chœur
Nos vieux serments et la devise
Qui sans cesse nous électrise :
Dieu, le Roi, les Bourbons, l'honneur!

Si la France, à tort ou à raison, ne veut pas décidément du drapeau blanc, comme tant de gens, persuadés ou non, le proclament sans cesse à tout propos, elle ne paraît pas non plus disposée à retourner à la monarchie bâtarde des tricolores, orléanistes ou bonapartistes, dont elle s'est déjà plusieurs fois si mal trouvée.

Gardons alors la République, dont le principe n'exclut personne.

Mais sans patriciat, je le rappelle de nouveau, il n'y a point de grand peuple, et aucun gouvernement, surtout la République, ne peut durer. Rome, la reine des nations, était gouvernée par une aristocratie, et, quand le Sénat fut avili et le peuple corrompu par les empereurs, Rome fut le jouet et acheta, comme nous, la paix des barbares, avant d'en devenir la proie.

D'autres ennemis du Roi, plus justes appréciateurs de son mérite que les sots et les insolents dont j'ai parlé plus haut, ont dit de lui ce mot, qui, sans être absolument vrai, ne l'est cependant que trop : « Le comte de Chambord est le seul royaliste de son parti. » — Le trône a été tellement souillé par les Bonaparte et les d'Orléans, et tout prestige monarchique si entièrement détruit par eux, que l'ode de mon père ne pourrait, je crois, à notre époque prosaïque, pour ne pas dire plate et basse, être même conçue ni surtout exprimée en termes aussi magnifiques. Est-il, en outre, beaucoup de lecteurs capables, en se reportant au temps déjà loin de nous où cette ode parut et où la foi religieuse et politique était encore vive, est-il beaucoup de lecteurs capables, dis-je, d'en apprécier l'énergique beauté et les nobles et fiers accents?

IV

ON INSTRUIT DANS TOUTES LES ÉCOLES, ECCLÉSIASTIQUES OU LAÏQUES, MAIS ON N'ÉLÈVE PAS.

Jadis l'Égypte eut moins de sauterelles
Que l'on ne voit aujourd'hui, dans Paris,
De malotrus soi-disant beaux esprits.

VOLTAIRE.

Je viens de dire que notre époque est plate ou bien que le niveau intellectuel de la France est abaissé. Cela me semble incontestable, et il suffit, pour s'en convaincre, de comparer entre elles nos différentes assemblées législatives depuis 1789. Les caractères et les talents ont toujours été en s'affaiblissant et de moins en moins nombreux jusqu'à nos jours. A quoi cela tient-il ? A une erreur capitale qui consiste à confondre l'instruction avec l'éducation. « Multipliez les écoles, disent presque tous les statisticiens, et vous diminuerez le nombre des prisons. » C'est tout le contraire qui arrive. Jamais, en effet, les crimes les plus atroces ni les attentats à la pudeur les plus brutaux ne furent aussi fréquents qu'aujourd'hui, et tous les grands criminels sont plus ou moins lettrés. L'unique remède à nos maux n'est donc pas dans *la propagation des lumières,* comme on l'affirme beaucoup trop légèrement. Peu d'hommes, en réalité, sont aptes aux sciences, aux arts ou aux lettres ; tous le sont à recevoir une bonne éducation. Or, on instruit partout le mieux possible dans nos institutions, je ne le conteste pas, mais on n'élève nulle part. Si donc l'ordre social menacé de tant de côtés doit un jour être renversé, c'est d'abord par l'école qu'il croulera. Et qu'on ne pense pas que j'entende attaquer ici les instituteurs chargés de l'éducation de la jeunesse à titres divers. Ils professent à merveille dans leurs classes, je l'accorde volontiers, mais ils ne peuvent rien contre la nature des choses. Or, ce n'est pas en laissant courir ensemble les garçons et les filles par bandes, sans surveillance aucune, par les carrefours et les chemins, sous prétexte d'aller à l'école et souvent, hélas ! très stérilement, ce n'est pas ainsi, dis-je, qu'on formera des hommes et des femmes également propres à gouverner une famille et à servir l'Etat (1).

(1) Fénélon pensait que l'éducation des filles a plus d'influence encore sur les mœurs publiques que celle des garçons.

Un perpétuel déclassement social, excitant bien moins l'amour et une noble émulation que la haine et l'envie, l'impossibilité de pourvoir à tous les besoins qu'on fait naître, le mécontentement profond que chacun a de soi et des autres, un malaise général causé par le plus sot orgueil et l'égoïsme le plus abject, enfin une grossièreté de mœurs sans exemple dans le passé, présage des plus grandes catastrophes dans un prochain avenir : voilà déjà les fruits amers de ce mauvais système d'instruction ou d'éducation.

Donc, si vous voulez, gouvernants monarchistes ou républicains, régénérer le monde en pleine décadence et d'abord ne pas périr honteusement par l'école, le séminaire, le palais et la caserne, je vous le dis sérieusement, sans prétendre imiter les jeux de mots et les antithèses d'un poëte et académicien fameux : Instruisez, instruisez tant qu'il vous plaira, à tort ou à droit, à tort ou à raison ou à tort et à travers ; mais au lieu de ne pas élever du tout, *élevez* avant tout.

La Rochette-l'Étang, septembre 1878.

V

COMMENTAIRE HISTORIQUE AU SUJET DE L'ODE SUR LE PASSAGE DE LA DUCHESSE D'ANGOULÊME DANS LA VENDÉE, EN 1823.

Pour bien comprendre toute la beauté et la vérité de cette ode, il est nécessaire de se rappeler les principaux événements des cinq premières années de la Restauration, de 1815 à 1820. Louis XVIII avait créé duc son ministre favori Decazes, huit jours après l'assassinat du duc de Berry, et le duc d'Angoulême était venu, deux ou trois années auparavant, en Vendée, prêcher l'union et l'oubli, comme si, après une guerre civile aussi récente, une politique de conciliation était possible entre les bourreaux et les victimes ou bien entre les spoliés et leurs spoliateurs. Le Prince n'eut point à s'applaudir de son voyage. Il ne désarma pas la haine des acquéreurs de biens nationaux et s'attira les moqueries des Vendéens fidèles, qui l'appelèrent le marchand d'*oublis*.

Voici un épisode de famille qui va donner une idée de la manière dont le parti libéral entend la conciliation : Mon père fut nommé conseiller de préfecture de la Vendée pendant le ministère Decazes, sur la présentation du préfet, le comte de Kerespertz, qui avait été militaire et émigré sous Louis XVI. Que fait alors la coterie libérale, devenue plus tard orléaniste? comme elle craignait le zèle et les talents de mon père, elle écrit à Paris qu'on s'est trompé, non pas de nom, mais de qualités, et que ce n'est pas le maire de Palluau, chef-lieu de canton, mais celui de Saint-Paul (petite commune qui n'en est éloignée que de 2 kilomètres), qu'on a sans doute voulu nommer. Or, le maire de Palluau était mon père et celui de Saint-Paul était son frère consanguin, plus âgé que lui de dix ans. Très-peu de jours après, mon oncle est, en effet, nommé conseiller de préfecture en la place de son frère, qui ne fût pas même installé. Le comte de Kerespertz ne se méprit pas sur la signification de ce singulier pour ne pas dire odieux revirement, car il dit à mon père, dans une audience de congé : « Ah! mon ami, votre destitution est le signal certain de la mienne. » Le préfet disait vrai : moins d'un mois après, il fut lui-même cassé aux gages sans aucun motif sérieux.

Mon père fut réintégré dans ses fonctions de conseiller de préfecture à l'avénement du ministère Villèle. Un bon orléaniste local et contemporain me disait naguère, à ce propos, qu'*on* n'avait pas trouvé bon, dans le temps, que mon père eût consenti à remplacer son frère. Et voilà comment, dans le camp des *hommes de l'ordre moral, on* écrit l'histoire du petit au grand! Quand c'eût été exact, il me semble que c'était mon père et non mon oncle qui avait été le premier en place. Mais ce reproche libéral n'avait absolument aucun fondement, puisque, le nouveau ministère ayant destitué un autre conseiller de préfecture en même temps que mon oncle, on eut l'attention pour mon père de ne pas le nommer au lieu de son frère, qui fut, en réalité, remplacé par un étranger (1).

Tout le monde sait que Louis XVIII, après avoir appelé la Chambre des députés de 1815, qui lui était toute dévouée, une Chambre introuvable, la cassa quelques mois après par la fameuse ordonnance du 5 septembre. On voit donc que les palinodies et les gouvernements de bascule ne sont pas choses nouvelles. On pour-

(1) Mon père perdit à son tour, à la Révolution de 1830, sur la dénonciation de plus de vingt députés de la Bretagne et de la Vendée, la place d'inspecteur général des prisons, qu'il occupait alors à Paris. Cette place rapportait 30,000 francs. C'était donc un trop friand morceau pour que les orléanistes, grands amateurs de postes bien rétribués, ne missent pas beaucoup d'empressement à le dévorer. Ils fermèrent en outre, bien entendu, les portes du Conseil d'État à mon père, qui, comme juste récompense de son dévouement et de ses services, était sur le point d'y entrer. Ces bons, ces excellents orléanistes, toujours amis de l'*ordre moral* et de l'argent! On n'a pas oublié que la duchesse de Berry n'appelait jamais la famille d'Orléans, sous la Restauration, que « ces bons d'Orléans. » Mais on n'a pas oublié non plus, je pense, comment, dans la forteresse de Blaye, sa tendresse fut payée de retour par Louis-Philippe, devenu roi, Dieu sait à quel prix!

rait même ajouter qu'on ne voit pas autre chose en France depuis 1789, c'est-à-dire depuis près de cent ans. Comment ensuite s'étonner du découragement de tous les dévouements et de l'avilissement de toutes les fonctions publiques? Aussi n'est-il aujourd'hui que bien peu de gens vraiment dignes et indépendants de position et de caractère qui les recherchent. C'est assurément un malheur pour la France, en proie désormais à trop de besogneux qui l'exploitent plutôt qu'ils ne la servent.

Pour moi, dès ma jeunesse, ces tristes et honteuses palinodies dont ma famille a été si souvent victime, tant en France qu'en Italie, m'ont inspiré un grand dédain pour les hommes au Pouvoir et les prétendus honneurs de mon temps. Du reste, je n'ai aucun ressentiment personnel, me souvenant de ce mot de Bossuet : « Qu'il n'est de grandeur achevée que celle qui a eu la consécration du malheur. » Me souvenant encore de cet autre mot de Louis XII : « Le roi de France ne venge pas les injures du duc d'Orléans. »

Paris, novembre 1878.

PRINCE DE ROSSY.

Paris, imp. Balitout, Questroy et Cᵉ, 7, rue Baillif

www.ingramcontent.com/pod-product-compliance
Lightning Source LLC
LaVergne TN
LVHW010103230826
846091LV00005B/2076

9782013383394